Fritz Eckenga

Draußen hängt die Welt in Fetzen, lass uns drinnen Speck ansetzen

Mit Bildern von Günter Rückert und Gastbeiträgen
von F.W. Bernstein, Wiglaf Droste und Horst Tomayer

Verlag Antje Kunstmann

Kampf dem Übergedicht!

Schwierig, mit Zeilen so hauszuhalten,
dass sich am Ende die Pärchen behalten,
dass sie sich kriegen und alles ist gutt,
so wie die Schlüsse in Hollywutt,
dass sie sich finden und dass sie nicht
die Leser mit maßlosem Übergedicht
rat
los
zu
rück
lassen
!

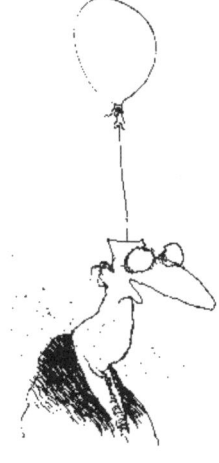

Tischgebete

Montag, der ERste

Was aß denn der HErr damals montags?
Es war doch der ERste Tag.
Montags gibts Reste von gestern!
Ja wie denn, wenns Gestern nicht gab?

Schob denn der HErr montags Kohldampf?
Zumindest am ERsten der Zeit?
Sonntag blieb doch nichts übrig,
der war ja, ich nehms auf den Eid,

vom HErrn noch gar nicht erfunden,
der kam doch erst später dran.
Es ist also mithin nur logisch,
dass der kreativ schuftende Mann

nicht, wie dann anschließend Sitte,
Reste von gestern verspies,
sondern sich Hunger gehorchend
ein Frischgericht einfallen ließ.

Am Ersten Tag sagte Gott:
»Ich sag mal wie üblich, es werde,
aus Apfel, Blutwurst, Kartoffel,
ein Teller voll Himmel und Erde!«

Dienstag den Deutschen

Am zweiten Tage gab sich der Schöpfer
in aller Herrgottsfrühe,
überlieferungshalber um vier Uhr drei,
erhebliche Schöpfungsmühe.
Schuf innerhalb fünfzehn Minuten,
der späteren Menschheit zum Wohl,
diverse gehaltvolle Lebensmittel,
unter anderm den Wirsingkohl.
Es folgten in rascher Schöpfungsfolge
Sellerie, Steckrübe, Lauch,
Möhre, Grata-Kartoffel sowie
als Einlage Schweinebauch.
Der Schöpfer trug die Bescherung zu Topfe,
heizte ihr ordentlich ein,
kochte bis mittags die Schöpfung zu Matsche
und ließ es dann gottseidank sein.
Betrachtete konsterniert das Ergebnis,
erklärte den Eintopf zum Fehlschlag,
entschied: »Das essen in Zukunft die Deutschen!«
und widmete ihnen den Dienstag.

Mittwochs Markt

Der Mittwoch ging in Geschichten ein,
die nicht besonders erwähnenswert sind,
handelnd von Wochenteilung und so,
von halb übern Berg, von Mutter und Kind.

»Wieso« wern Sie fragen »von Mutter und Kind?«
Und: »Macht das denn einen Sinn?«
Ach was! Dummes Zeug! Woher denn! Nö nö!
Ich schrieb das nur reimhalber hin.

Ich hätte auch irgendwas andres geschrieben,
mir fiel grad nix Besseres ein,
ich dachte beim Denken an Mittwoch nur flüchtig,
was Dolles müsst es nicht sein.

Hätt ich geahnt, dass Sie zum Mittwoch
was Spektakuläres verlangen,
hätt ich nicht so aus der Hüfte gedichtet
und wär nochmal in mich gegangen.

Na gut, den Freunden des Mittwochs geschuldet,
ein Satz, der was Wichtiges sagt:
Bei mir in der Nähe, hier gleich um die Ecke,
ist mittwochs der Wochenmarkt!

DonnerstAch

Ach du Großmaul, nimm die Gosche
nicht so voll und halt den Rand!
Klappe! Schnauze! Wichtigtuer!
Wofür bist du schon bekannt?

Bist der ewig öde Vierte.
Kommst nicht mal aufs Treppchen drauf
und hast trotzdem dicke Lippe;
herrgottsakra, hör schon auf!

Ja, geschenkt! Du Held des Donners,
Thor, Germanengottes Tag.
Ist ja gut, halt dich geschlossen
und hör zu, was ich dir sag:

Als der Weltenmacher Mittwoch
fertig hatte, dachte er:
›Freitag geh ich in die Vollen,
schlemme und betrink mich schwer!

Morgen aber, zwischendurch,
tu ich nur, als tät ich was,
Dienst nach Vorschrift, Larifari,
Nasebohren, dies und das.

Donnerstach, ach den erled' ich
irgendwie so nebenbei.
Schon' mich schon fürs Wochenende,
trinke Wasser, esse Brei.‹

Also sprach der Herr der Welten:
»Donnerstachs macht' ich nur Mätzchen.«
Schrieb ins Schöpfungstagregister:
»Fader Pamp und Schlabberlätzchen.«

Freitags Fisch

Weil angeblich freitags Herr Jesus
sein irdisches Dasein beschloss,
zogs freitags noch ziemlich viel später
fischig durch jedes Geschoss.

Ansonsten war Mutter nicht frömmlich
und wenn das Kind fragte: Warum
krieg ich am Freitag kein Kotelett?
Bellte sie: Frag nicht so dumm!

Also stanks freitags nach Kochfisch,
wies kochfischiger nicht stinken kann,
Herrn Jesus zu Ehren, doch ohne
Begründungszusammenhang.

So saß das arglose Söhnchen
kabeljaukauend am Tisch,
grübelte grätenspuckend
über Senfsoße, Jesus und Fisch.

Es schwirrte dem Kinde das Köpfchen:
Wieso und warum der Geruch?
Ist dieser Pesthauch des Todes
wohl Mahnung, Folter und Fluch?

ER hat für Euch sich gegeben,
jetzt gebt ihr gefälligst zurück!
Und schon bracht die kochende Mutter
ein weiteres labbriges Stück.

Ach Mutter, ach Mutter, warum nur
immerzu freitags die Fron?
Was hat denn der stinkende Kochfisch
zu tuen mit Gottes Sohn?

Die Mutter enthielt sich der Stimme
und schaute nur drohend herab.
Ihr Blick sagte: Aufessen, Bürschchen,
sonst holst du dir gleich eine ab!

Das Kind schluckte deeskalierend
Freitag um Freitag den Fisch,
achtzehneinhalb lange Jahre
und erhob sich als Jüngling vom Tisch.

Spuckte der Mutter ins Antlitz:
Sieh zu, wer deinen Scheiß frisst!
Entsagte dem christlichen Glauben
und wurde dann Top-Terrorist.

Mütter, sofern Ihr dies leset,
nehmt es als Schuss vor den Bug.
Variiert Eure Speisepläne,
zieht Eure Lehren, seid klug.

Kocht nicht am Freitag nur Fische,
seid nicht so fahrlässig dumm!
Und tut Ihr es Jesus zu Ehren,
erklärt Euren Kindern, warum!

Kindergebet zum Samstag

Lieber Gott, mach mich fromm,
dass ich in den Himmel komm.
Segne, was Du mir bescheret hast
und sag der Oma, dass es mir nicht passt,
wenn sie am Sonnabend bohnert.
Außerdem kocht sie mir Linsen,
tut Mettwurst mit Stippen hinein,
die Stippen sind dick wie mein Däumchen,
mein Däumchen ist gar nicht so klein.
Immer krieg ich am Samstag
von Linsen mit Mettwurst die Wut,
weil Großmutter vorher noch bohnert
und Bohnenwachs auftragen tut.
Linsen und Mettwurst und Bohnen,
das ist doch kein gutes Gericht,
krieg ich das nochmal zu essen,
spuck ich es ihr ins Gesicht.
Ich bin klein, mein Herz ist rein,
soll keiner drin bohnern als wie Du allein.

Der Teufel hat das Fix gemacht
(und zwar sonntags)

Am Sonntag ruhte Gott wie bekannt
und rührte nicht eine einzige Hand,
lag in den Federn, länger als lang,
bis ihn der Harndrang zum Aufstehen zwang.

Nach der Erleichterung gab er direkt
Order: Zum Deibel, wer mich heut weckt!
Schlüpfte retour in die himmlische Falle,
gähnte und grummelte: »Gott, bin ich alle.«

Ließ sich selber 'nen guten Mann sein,
sackte sofort wieder weg wie ein Stein,
niemand und nichts, das sein Durchratzen störte,
bis er von ferne was Scheppern hörte.

Gott erwachte aus traumlosem Tran,
was krachte da, dachte er, was liegt da an?
Wer verlärmt mir die Schöpfungslegende?
Wer versaut mir das Wochenende?

Zürnte: »Euch werd ich es geben, Strategen!«
Stieg in die Puschen, dem Poltern entgegen,
witterte jetzt auch extreme Gerüche
und ortete Krach wie Gestank in der Küche.

»Wer saut da herum und stinkt wie die Pest,
wer gibt mir am siebten Tage den Rest?«
»Na rat mal«, grunzt' es zurück, »wer's wohl ist,
ich bin's, der elende Antichrist.«

Und tatsächlich stand diese räudige Ratte
von Finsternisfürst an der Arbeitsplatte,
seelenruhig den Schneebesen schwingend
und sein teuflisches Liedchen singend:

»Am Sonntag ruhte Gott wie bekannt,
stattdessen rührte ich meine Hand,
schlüpfte in Schöpfers Küchenkittel
und schuf ein höllisches Lebensmittel.

Ins Fegefeuer gespuckt, dass es zischt,
dann etwas Hornspan mit Galle vermischt,
das Ganze drei Stunden offen gegart,
zuletzt versetzt mit viel Glutamat.

Runter vom Feuer und aushärten lassen,
Tritt um Tritt mit dem Klumpfuß verpassen,
den stinkenden Staub in Tüten verfüllen
und damit die Küchen der Welt vergüllen.

Herrgottsakra und Kruzifix,
der Teufel schuf sonntags das Maggi-Fix.
Köche der Welt, bedankt Euch beim Schinder
für den künstlichen Soßenbinder.«

Gott war ganz schlapp und unmotiviert,
nahm es als Schicksal und ging konsterniert
wieder zurück in die wärmenden Kissen,
er hatte den Job ja eh schon geschmissen.

Ob es dereinst mal Genugtuung gibt?
Ob die Gerechtigkeit später noch siegt?
Lässt der HErr des Geschmacks nochmal grüßen?
Müssen Benutzer von Soßenfix büßen?

Die Hoffnung stirbt ja bekanntlich zuletzt.
Gott mit Euch Frommen, die Ihr drauf setzt.
Gibt es ein Jüngstes Soßengericht?
(Ich persönlich glaub's eher nicht.)

Der Wein war ein Gedicht

Kartoffeln schälen,
Möhren schaben,
derweil mich schon am Weißen laben.
Fisch beträufeln
und gelassen
den Roten abseits atmen lassen.

Tomaten vierteln,
Schoten waschen,
na gut – nochmal vom Weißen naschen.
Fischbett machen,
Ofen wärmen,
vom Bukett des Roten schwärmen.

Fisch ins Bett,
Bett ins Rohr,
schmeckt der Weiße nach wie vor?
Durchaus! Chapeau!
War auch nicht billig!
Der Rote riecht extrem vanillig.

Geiter Zwang –
Quatsch: Zweiter Gang!
Weißer, bist ein guter Fang!
Wühnchen haschen?
Hühnchen waschen!
Wird daschu der Rote paschen?

Mussich kosten –
Junge Junge,
der liegt ewig auf der Zunge!
Tut mir lei – Hicks –
Tut mir leiter!
Dagegen ist der Weiße Zweiter!

Huhn muß raten?
Braaaten! Rohr!
Fisch vergessen – kommt mal vor!
Kann nix machen,
muss zum Müll.
Der Rote macht mich lall und lüll.

Dummes Huhn,
bis morgen dann.
Heut leg ich keine Hand mehr an
Dein Fl – dein Fl –
Dein tzartes Fleisch.
Wo far denn noch die Wlasche gleisch?

Versteckdichnich!
Ich finde dich!
Heutkochichnich heuttrinkichdich!
Da bissuja,
mein roter Bruder,
Dadí Dadú Dadí Dadúda!

Etwas in mir!

Etwas in mir is größer als ich,
is es das ES, das DU oder nich?
Is es sogar n höheres Wesen,
das mich als Wohnort hat auserlesen,
n Gott oder irgendwas in dieser Art?
Jedenfalls mag es Kartoffelsalat.
Kartoffelsalat mit dick Mayoneise,
Bockwurst mit Senf und Etwas ist leise.
Is klar, was in mir so groß is und wacht:
Nich ES is es, Gott nich, nich DU, sondern
Schmacht.

Schöne der Nacht

Apfel der Erde
in meiner Faust,
Apfel der Erde,
ich weiß wohl, dir graust
vor deinem Ende am Tellerrand,
als billig verachteter Beilagentand.

Trüffel der Armen,
hab keine Angst,
ich habe Erbarmen,
ich ahne, du bangst,
dass dir das Schicksal der deinen droht,
die man verschmäht wie schimmliges Brot.

Schöne der Nacht,
goldnes Gedicht,
ich geb auf dich acht,
so fürchte dich nicht
vorm Tode im salzigen Sprudelgrab,
vor Presse, vor Stampfer, vor Zauberstab.

Prinzessin der Scholle,
ich mach es dir nett,
Königin Knolle,
ich bau dir ein Bett
aus jungem Gemüse in würzigem Fond,
mit guter Sicht auf das Filet mignon.

Mehlige Zarte,
schlafe nun ein,
ich wache und warte
bei einem Gas Wein,
gare in Frieden und himmlischer Ruh,
nur bitte: Mach endlich die Augen zu!

Der Hummerast

Wenn du großen Hunger hast,
säge nicht am Hummerast!
Zerstöre seine Schale
nie durch das Brutale!
Hammerschlag und Sägeblatt
machen zwar den Hummer platt,
jedoch die Hummerinnerei
wird durch Gewalt aussi zu Brei.
Sei zart und schone den Hommard,
mach's lieber nach Bretonenart:

Die wahren Connaisseure
sind Schalentiermasseure.
Sie kneten und sie walken,
bis Hummer sich entkalken
und freiwillig ihr Innendrin
– dies feste, weiße Protein –
aus ihrer Festung lösen
und man mit Mayonösen dann
die Hummrigen erlösen kann.

Kleiner Gruß aus dem Garten

Die Kirsche beerdigt,
den Astbruch zerlegt,
den Maulwurf enthauptet,
die Würmer zersägt.
Die Wiese gezüchtigt,
die Furche gesaugt,
die Krume bedampfstrahlt,
die Rauke belaugt.
Die Schnecken beschnitten,
den Rasen getönt,
die Beete gewaschen,
die Rosen gefönt.

Nehmse doch Platz,
ich serviere indessen.
Aus diesem Garten
können Sie essen.

Bericht zur aktuellen Versorgungslage in einem Privathaushalt

Das Küchenradio meldet »Windstärke acht, in Böen zehn«.
Die kranke Kirsche im Garten wird von Dr. Nordnordost
zwangsamputiert. Der Regen schafft es nicht bis auf die
Erde. Morgens um elf ist wie nachmittags um fünf. Grau mit
starker Tendenz zu Dunkelgrau. Wunderbarer, klassischer
Novemberdezember der Marke ›Tür zu, lass keinen rein‹.
Gefühlte Temperatur: arschkalt. Da draußen gibt es
deutlich nichts zu tun. Umso mehr muss drinnen geschafft
werden. Der aufrechtgehende Warmblüter steht hinter dem
Herd. Weitsichtig hat er zeitig vor dem Sturm Truhe und
Regal gefüllt. Nun kann es nur noch darum gehen, den ins
große Küchentuch gestickten Stundenplan zu erfüllen:

Fünfzehn dreißig: Süßes Futter!
Rühre Eier, Mehl und Butter!
Andiamo, lass nicht locker,
schmelze Schoko, brühe Mokka!
Schlage Sahne, küss den Schatz,
gurre »Gute, nimm doch Platz,
Du sollst schnuckern, ich will schuften,
bald muss es nach Braten duften!
Neunzehn dreißig, punktgenau,
gibt es Kloß und krosse Sau.
Günstig lauten die Prognosen,
morgen wird es weiter tosen.

Starker Sturm, ja blanker Hans,
dazu passt doch eine Gans.
Draußen hängt die Welt in Fetzen,
lass uns drinnen Speck ansetzen.«

*Soweit der aktuelle Versorgungsbericht. Wir melden uns
wieder, wenn die Bedingungen es zulassen. Erfahrungs-
gemäß ist damit vor Ende Februar nicht zu rechnen.*

Schöner decken

Lag auf dem Grunde der Suppenterrine
eine vergessene Tellermine?
Verbarg zwischen Pflaume, Schalotte, Marone
im Masthahn sich eine Dumm-Dumm-Patrone?
Blies ein Luftwaffenattaché
zum Dessert-Storm in die Crème brûlée?

Nee nee – Mutti hat's gut gemeint
und jetzt ist die Essecke eingeschweint.
Die Sippe ist vollkommen vollgesaut,
die Tischsitte war ihr noch nicht vertraut.
Mutti hatte was Neues probiert,
doch Vati und Kinder nicht vorinformiert,
dass man sich Lätzchen ins Hemdchen steckt,
wenn Mutti am Mittagstisch Platzteller deckt.

Käse!

Im Kühlschrank friert ein Stückchen Harzer Käse,
die Eiseskälte setzt ihm bitter zu.
Es würd so gern gegessen,
doch man hat es vergessen.
Jetzt zittert es in frostig dunkler Ruh.

Und träumt von einem warmen Platz am Fenster,
wo es verpackungsfrei sich wohlig aalt,
bestrahlt vom Sonnenglanz,
verändert die Substanz,
von knochenhart in samtweich-cremig-zart.

Mild verströmend käsiges Aroma,
das des Menschen Sinne duftig neckt,
solange bis der endlich
und letztlich unabwendlich
sein Käsemesser in den Harzer steckt.

Doch leider ist der Mensch nur zu vergesslich,
gedankenlos wie roh und schrecklich bös.
Was kümmert ihn die Welt?
Es geht ihm nur ums Geld!
Erst stirbt der Wald und dann schon bald der Käs.

Drum, Mensch, schau bitte nach in Deinem
    Kühlschrank
und achte drauf, ob dort ein Käse friert.
Schenk ihm ein bißchen Wärme,
sag ihm »ich ess dich gerne«,
bevor er seinen Lebensmut verliert.

Wir haben diesen Käse nur geliehen,
von unseren Kindern, die noch länger leben!
Ach Mensch, sei nicht so herzlos!
Ach Mensch, sei nicht so stur!
Denk dran: Auch Käse ist ein Stück Natur!

Sommerliches Abendmahl (mit Heinz)

Dicke Rippe, fettdurchzogen,
blutet in die Glut,
Feuerzungen lecken eifrig
nach gegrilltem Gut.

Eins Eins Zwei, die Feuerwehr
löscht den Brand mit Bier,
Pilsfontänen schießen schaumig
auf das tote Tier.

Alles klar, das Schwein ist gar,
hey – wer will noch eins?
Danke für das Abendmahl,
ich nehm meins mit Heinz.

Schrebers Nichtgedicht

Glühwürstchen Glühwürstchen, grille, grille.
Brühwürmchen Brühwürmchen, Stille – Stille.
Nächtens im Garten,
der volle Mond scheimt.
Glühwürstchen? Brühwürmchen?
Hab mich verreimt.

Sitting Küchenbull

Ein Gastgedicht von Wiglaf Droste

I'm gonna sing: hey Zwiebelring,
auch du, my little chicken wing,
swing her zu mir, zu Mutter.
I wanna shout out Sauerkraut,
yeah, shout it loud and shout it proud:
Ich spare nicht mit Butter.

Cry me a river Spiegelei
auf einem Berg Kartoffelbrei
I do it with Spinat.
Yes, I will croon the Freilandhuhn,
vom white wine ist es schon ganz duhn
und innendrin sehr zart.

Mein Lieblingsduft heißt Rotweinhauch
I'll never need no Waschbrettbauch,
ich stemme keine Hantel.
Ich steh am Eigenherd und brat',
I'm gonna fart the Zwiebeltart
im coolen Schinkenmantel.

Hoch in der Gunst steht Bratendunst.
Was ist die wichtigere Kunst,
das Kochen oder's Singen?
Dies ist mein erstes Menschenright:
I'm gonna fight for Essenszeit! - - -
Man mag den Nachtisch bringen.

Oppa, hab Dank!

Oppa aß gerne das Harte,
als er noch jung war, ist klar.
Da hatte er ja noch die Ersten,
doch auch als er Alt-Oppa war,
aß er noch immer das Harte,
trotz Dritter im Brausebad
fand er das Weiche und Zarte
irgendwie nicht so apart.

Beerdigungskuchen von gestern,
mit knallharten Streußeln z.B.,
doppelt gebackene Kniffte,
vom steinalten Brot per se,
aß ich zusammen mit Oppa
und lernte von ihm, wie es schmeckt,
wenn man, was hart ist, zum Weichen
vorher in Flüssigkeit steckt.

Vorzugsweise in Kaffee
wurde getunkt und gestippt,
je größer die Tasse je besser,
vom Kaffee wurd nur genippt,
denn wir brauchten das Nasse
zunächst einmal nur präventiv
und alles, was dabei so abfiel,
fiel auf den Tassengrund tief.

Die Stipptechnik hat ja den Vorzug,
sofern man die Nerven behält
und weise vorausschauend wartet,
dass man den Nachtisch erhält,
indem man abschließend löffelt,
was in der Tasse versank.
Noch heute sage ich Oppa
beim täglichen Stippen: Hab Dank!

Ohrenschmaus

Wildbäche rauschen durch die Nacht,
Turboprops propsen durchs Zimmer.
Deutlich hier vorne ein Holzbrett, das kracht,
im Hintergrund Möwengewimmer.

Mein Ohr auf dem Nabel der Welt der Verdauung,
Du braust, blubbst und gluggerst zu meiner Erbauung.
Ich lausche, wie das, was Du mochtest, rumort,
ich kochte, Du aßest und morgen ist's fort.

Ein rarer Vogel

Ein Gastgedicht von F. W. Bernstein

Den Zilpzalp kenn ich kaum. In Bodennnähe
bau er, hab ich gehört, backofengleich
sein Nest. Man sagt, daß, wer den Zilpzalp sähe,
der werde dumm-di-dumm-di-dumm und stinkereich.

Gleichwie die Sonne, die mit heißer Faust
die Schatten wirft, so donnert sein Gefieder;
auch zilpt er zalp, daß es dem Teufel graust;
stürzt dumm-di-dumm auf Außenstürmer nieder.

Gedünstet, Alter, glaub mir, schmeckt er gut.
Sein Überaugenstreif ist angedeutet.
Er hoppelt dumm-di-dumm, ein nasser Hut
macht dumm-di-dumm-di-ringeling: es läutet!

Willkommen Zilpzalp – Reichdumm meines Lebens!
Er findet mich! Ich suchte ihn vergebens.

Mein Land

Das ist ein freies Land,
jedenfalls soweit ich sehe.
Ich seh zwar weder Horizont noch Strand,
doch bis zum Rand der Wiese immerhin
ist es mein Land.

Mein Land, wo jeder der
bedürfnis- oder triebbedingt,
und sei es nur für freien Flugverkehr,
sich hin und her bewegen will, erfährt:
„Ja, bitte sehr."

Es ist mein freies Land,
umkränzt von Heckenstrauch und Baum.
Es endet westlich an der Häuserwand
und zwanzig Meter östlich ist schon Schluss
mit meinem Land.

Land of the lucky free,
die Garantie ist kostenlos:
Wenn hier was herrscht, dann nur die Anarchie!
Ich gebe, wie es sich gehört, dem Gast
Kost und Logis.

Schnäbeln, Schmecken, Schminken,
ob Meise oder schöne Frau,
jeder ein Geschenk zum Sichbetrinken.
Holunderbeerenblau, Magnolienrot
zum Drinversinken.

Das ist mein freies Land,
ein Garten ohne allzuviel.
Ich gebe denen meine ganze Hand,
die kommen, um zu tun, was ihnen nützt.
Frei und beschützt.

Hier spricht Diplom-Psychologin
Dr. Lieselotte Rath-Schlaeger

Ein Gastgedicht von Horst Tomayer

Mensch, Adipositas-Kerstin
Ich bitte Dich
Zwinge
Dich zur Trennkost
Weil sonst winkt Dir
Die Magenschlinge

Mensch, Saufaus-Dieter
So begehr doch
Nicht des Nächstbesten Glases
Genieße lieber das Gebet beim
Barfußkontakten
Nassen Grases

Denn weder für Freß- und Trunksucht
Noch fürs Tabakkrautpaffen
Ist der Körper
Der grazile Tempel
Der Seele
Geschaffen

Völlerei bedingte gastrointestinale Reaktionen im Abdominalbereich mit offenem, aber beruhigendem Ausgang

Aaaaaach
sei leise, Leib, lass nach
Eeeeeeech
Bollerbauch, mach wech
Iiiiiiiiiiich
rühr mich nich, ich liech
Ooooooch
Gürtel geh ins letzte Loch
Uuuuuuch
welch lauter Puhgeruch …

… und hängt er auch in Fransen
Requiescat in pansen …

Kalendergedichte

Guter Tag

Später Morgen und noch dämmrig,
Kopf in Daunen, mollig – weich.
Niemand holt mich aus der Mulde,
nein, ich komm nicht! Auch nicht gleich!

Später Mittag, lascher Blitz,
das Gewissen will ans Licht:
»Du musst! Du sollst! Du hast zu tun!«
Ich hab zu ruhn, mehr hab ich nicht!

Früher Abend und schon dämmrig,
langsam um die Achse drehn,
Augenblick bringt die Gewissheit:
Ich mag mich nur von innen sehn.

Später Abend, ganz zufrieden,
nicht geleistet, nicht gehandelt,
gleich ein Traum, der alles rundet,
guter Tag, der so versandelt.

November

November, schwarzer Monat Du,
kehrst stets wieder, gibst nicht Ruh,
schickst uns neue dreißig Tage
dunkeldüstergraue Plage.

Bleichst fahle Blässe in die Wangen,
machst Gesichter traurig hangen,
pflanzt unzählig Depressionen,
sorgst für unbespielbar Boden,
brichst das Licht mit klebrig Nebel,
hebst mit eklig Regen Pegel,
lässt die Winde grausig tosen
in unseren langen Unterhosen.

Schleichst Dich schleimig an uns ran,
doch wir wissen deutlich wann
Deine Marter übel droht.
Spätestens wenn Hundekot
wässrig sich mit Baumlaub quetscht
unter unsere Gummisohlen.
November, kannst uns nicht verkohlen!
Zu bestialisch fault Dein Odem
auf unserem teurem Teppichbodem.

November, alter Leichenschänder!
Los! Sag an! Schmeißt Du ne Lage
Schnaps auf Deine Totentage?
Hast so viele wie kein zweiter,
Kadaverfürst, vermaledeiter.
Wirst hemmungslos uns wieder quälen
mit Buß- und Bettag, Allerseelen
und heuer, ach, es ist gar greißlig,
mit Todestag des starken Schutzwalls,
der am Neunten Deiner dreißig
vor so langer Jahre Frist
viel zu früh verendet ist.

November, Sack, Du sollst verrecken!
Am besten mit dem Pack der Jecken,
die sich an Deinem Elften wecken,
mit Humba, Ententanz und Prost –
vielleicht bringt ja Dezember Trost
und richtet Euch mit starkem Frost.

Ich komm zum Schluss mit dem Gedicht:
November, bist ein Arschgesicht!

November, der Widerruf*

November, Held der Monatsrecken!
Schützend dick sind Deine Decken,
wärmst mit dichten Baumlaubmatten
sowohl den Wurm in Herbstrabatten
als auch die kalten Gehwegplatten,
die unser Trottoir belegen,
für jeden fröstelnd' Zeh ein Segen,
sofern die Nachbarn nicht gleich fegen.

November, deckst uns zu mit Güssen,
legst die nassen Nebelkissen
dämpfend auf das Ach und Krach,
hältst Laut und Lärm gekonnt in Schach,
spitzer Ton wird mählich flach,
Ruhe senkt sich auf das Dach,
unter dem die klammen Socken
dampfend überm Ofen trocknen.

Warme Stube macht uns nicken,
da meldet sich Dein kleiner Schalk.
Willst uns wohl ein Stürmchen schicken,
November, großer Blasebalg!
Nur zu! Tob Dich nur tüchtig aus!
Wir gehen heute nicht mehr raus.
Schließen jede Fensterlade,
wickeln Plaid um Fuß und Wade
und schlürfen heiße Schokolade.

 Wir lieben Dich für Deine Launen,
für stilles Schweigen, lautes Raunen.
November, bleib so, wie Du bist
und sei zum Dank dafür geküsst.

*Der Widerruf wurde unumgänglich, weil die neunjährige
Hannah W. überaus berechtigte Kritik an der November-
schmähung übte. Hannah befand das Gedicht »sowas von
doof«. Sie habe schließlich in diesem Monat Geburtstag.
Außerdem sei der Monat prima, »weil da soviel Nebel ist«
und man nach Novemberspaziergängen »Kakao oder Tee
im Jogginganzug trinken« könne.*

Dezember fragen

Dezember, was willst Du mir sagen?
Warum schickst Du so früh Schnee?
Wieso frierst Du mir den Zeh?
Ich werd ja wohl mal fragen

dürfen, was Du Zwölfter Dir so denkst,
wenn Du schon am Ersten weißelst
und die dicken Onkel geißelst.
Weil Du ja normal anfängst,

erst kurz und knapp vor Ultimo
Flocken auf das Haupt zu streuen
und das Laufwerk einzubläuen.
Also Zember: Sag wieso

bist Du mit den frostig' Faxen
diesmal derart früh am Start,
eist mir das Gemütchen hart
und auch, wie gesagt, die Haxen?

Rückantwort erwünscht sich bald,
bibbernd hinter weißen Wehen,
knetend an zehn blauen Zehen:
Fritz Eckenga, ihm ist kalt!

Oh du fröhliche Gebrauchsanweisung

Nach der Wäsche hängt der fesche
Pulli reine an der Leine.
Der Wäscher ist jetzt gut beraten,
nach Trocknung nicht noch zuzuwarten,
sondern ihn gleich abzuhängen,
sonst zieht er sich in lange Längen.

Ein Gebrauchshinweis wie jener
gilt dito für den Nazarener,
der rund um das Kalenderjahr,
achtlos und vergessen gar,
sonderzahl von Latten hängt.
Doch wenn es dann zur Weihnacht drängt,
soll langer Lulatsch Gottessohn,
gestreckt von der Gravitation
und abgemagert zum Gerippe,
auf einmal propper in die Krippe,
mit Babyspeck und Windeln an.
Doch wie? Er ist drei Meter lang!

Drum merkt euch diesen Haushaltsrat:
Soll das Christkind akkurat
zur heil'gen Nacht ins Strohbett passen,
dürft ihr es nicht hängen lassen!
Andernfalls ist Dschieses Christ
zur Unzeit X-Large-oversized.

Tauwetter

Ein Häufchen weißer Dreck
auf matschig braunem Gras,
ein grauer Hut mit Löchern
und dazwischen was,
das aussieht wie ne Möhre,
gelbrot mit dunklen Stippen,
zwölf leere Dosen Bier,
und vierundfünfzig Kippen.

Der Schneemann hat geraucht
und Alkohol getrunken,
ein ungesundes Leben,
ist bald im Gras versunken.
Vergangen und vergessen
ist morgen schon die Leich,
getaut vom warmen Regen
und heißem Hundeseich.

Frühlingsanfang 2001

Als der Lenz Zweitausendeins
kalt in meinen Garten zog,
als die Schneelast alle Blüte
runter in die Matsche bog,
als der Stengel der Narzisse
still und leise einfach brach,
schiss ich die Natur zusammen
und schrie heiser:
MÄRZ LASS NACH!

Pfingsten

Pfingsten steht im Lexikon,
Band 17, Pers bis Pup.
Da schaut man nach, wenn man vergaß,
was man einst lernt' als Bub.

Man nähert sich dem Pfingstartikel,
auf Seite pfünpfundpfierzig,
über Pfennig, Pferch und Pferd,
danach kommt schnell der Pfirsich.

Dem Pferd wird sehr viel Raum geschenkt,
speziell den Pferdeleiden,
weil pfielpfach es der Seuchen gibt,
im Stall sowie auf Weiden.

Pfingsten pfolgt auf Pfifferling,
den gelben Schwamm mit Hut,
man brät ihn gern mit Zwiebeln an,
doch zuviel tun nicht gut.

Pfinztal ist ein Kaff in Baden,
mit pfünpfzehntausend Seelen,
es hängt an Pfingsten hintendran
und ist nicht zu empfehlen.

Pfingsten selbst ist dieses Pfest
zugunsten eines Geistes,
umpfänglich stehts im Lexikon,
lies selber, und dann weißt es.

Das Gesetz des Sommers

§ 1
Man zeigt als Mensch nicht nackte Schwarte!
Dies Privileg hat nur das Schwein.
Man geht bekleidet unter Sonne,
trägt auch sommers langes Bein!

§ 2
Man badelatscht nicht adilettig
quietschend über Promenaden,
quält Mitflaniererblicke nicht
mit weißbesockten Stachelwaden!

§ 3
Man bietet nicht der Welt den Pöter
ungebeten nackicht an!
Auch am Strand trägt nur der Köter
Rute offen, nicht der Mann!

§ 4
Verboten ist dem Weib das Top,
wie seinem Kerl das Muskelhemd!
Zurschaugestelltes Achselhaar
wird ohne Warnung abgeflämmt!

§ 5
Unbedeckten Oberkörpern
dräut stumpfe Klinge ohne Schaum!
Strafrasiert wird Nabelwolle,
Brustgestrüpp und Schmerbauchflaum!

§ 6
Hundert Hiebe mit der Gerte
sind als Sühne angemessen,
auf bebadehoste Kimmen,
die in Gasthausstühle nässen!

In Ewigkeit WAHRHEIT*

Das erste Opfer des Krieges
ist ja immer die WAHRHEIT!
Selbst im Falle des glorreichen Sieges
stirbt vorher zunächst mal die WAHRHEIT!
Die WAHRHEIT! Die WAHRHEIT! Die WAHRHEIT!
Müsst ihr sie immer als erste
dem Kriege als Opfer bieten?
Ist es vielleicht einmal möglich
was anderes umzunieten
als verdammt nochmal immer die WAHRHEIT?
Die WAHRHEIT, die WAHRHEIT, die WAHRHEIT!

Nehmt doch mal Frauen und Kinder
als erste zu opfernde Beute!
Nehmt doch Kaninchen und Pudel,
von uns aus auch mal alte Leute.
Nehmt doch mal Berge und Täler,
nehmt Flüsse und Seen und Auen,
anstatt eure erstbesten Schläge
auf unsere WAHRHEIT zu hauen!

Wisst ihr denn nicht, wieviel Arbeit
ihr uns jedesmal wieder macht,
wenn ihr mit euren scheiß Kriegen
die WAHRHEIT zerbombt und zerkracht?

Die Quälerei müsst ihr sehen,
wenn alles in Trümmern liegt
und trotzdem am nächsten Morgen
ein jeder die WAHRHEIT kriegt.

Die WAHRHEIT, die WAHRHEIT, die WAHRHEIT!
Ist immer als erste verloren
und wird doch, wenn auch unter Schmerzen,
wieder- und wiedergeboren!
Die WAHRHEIT könnt ihr nicht morden,
weil es von Anfang an feststand:
Die WAHRHEIT ist ungefähr so
unkaputtbar wie weiland der Heiland!

Schaut in den nachtklaren Himmel!
Look at the twinkling starlight.
Ganz links leuchtet ewig versalisch:
Die WAHRHEIT, die WAHRHEIT, die WAHRHEIT!

*zum 10. Geburtstag der taz-Wahrheitseite, für Carola
Rönneburg, Barbara Häusler und Michael Ringel*

Heiligabend

Heiligabend, stille Stimmung,
Tanne duftet, Kerze scheint.
Knapp zwei Stunden bis Bescherung,
Sippe endlich mal vereint.

Heiligabend, Arbeit ruht,
Vater schafft sich Fett ins Blut,
prüft zum wiederholten Mal
Konsistenz vom Räucheraal.

Heiligabend, Mutti schuftet
in der Küche, Braten duftet.
Dackel frisst den eig'nen Schwanz,
denn er kriegt nichts von der Gans.

Heiligabend, viel Getöse,
Dackels Rute blutet böse.
Vater köchert, röchelt schwer,
Aales Gräte sitzt ihm quer.

Gänsebraten steht in Flammen,
Dackels Maul füllt sich mit Schaum,
Mutti bricht am Herd zusammen,
Papa fällt in Tannenbaum.

Heiligabend, stille Nacht,
Mutti ist aus Schlaf erwacht
und wie alle Jahre wieder
kämpft sie Küchenbrände nieder.

Papa spuckt jetzt volle Kanne
Gräten aus, schmückt neu die Tanne.
Dackelschwanz wird abgebunden
und es schließen sich die Wunden.

Heiligabend, sowieso
Sippe satt, k.o. und froh.
Heute Kinder wird's was geben,
Vater, Mutter, Dackel leben.

Prost jedes Neujahr

Kommt alles so, wie's kommen muss!
Kommt alles so, wie's schonmal war!
Kommt jedes Jahr ein Neujahrsgruß!
(Wenn nicht, gilt der vom letzten Jahr!)

Die letzten Fragen des letzten Jahrtausends:
Wohin ging der Mensch?

Ging der Mensch still in sich rein?
Halste er aus sich heraus?
Ging er zeitig in die Federn?
Oder später nochmal aus?

Ging der Mensch in die Geschichte?
Oder schlicht und einfach ein?
Ging er Zigarettenholen?
Auf dem einen Raucherbein?

Ging der Mensch jetzt in die Zukunft?
Oder wieder auf den Baum?
Ging er abwärts zu den Wurzeln?
Oder in den Weltenraum?

Ging der Mensch vor Angst am Ende
nüchtern aus 2000 Jahren?
Quatsch! Er hat sich sehr betrunken
und ließ um zwölfe einen fahren.

Die überwiegende Mehrheit der europäischen Bevölkerung
setzte sich am 11. August 1999 alberne Papp-Brillen auf, um
nichts von der Sonnenfinsternis sehen zu können. Zur klu-
gen Minderheit zählten der Autor und allerhand Gesin-
nungsgeflügel.

Augen zu!

Elfter Achter morgens,
alle Vögel schrien:
»Schlechter Tag für Verse!
Leg Dich wieder hin!!!

Mach es so wie Amsel,
Drossel, Fink und Spatz:
Kopf unter die Federn
Augen zu und ratz!«

Hypt Euch doch hysterisch
durch den All-Event.
Klugheit nutzt die Dämmrung:
Fritz und Vogel pennt!

Schönen Gruß

Draußen hängt die Welt in Fetzen,
vieles ist im Bach.
Lass uns an den Tresen setzen,
halt den Ball mal flach.
Erzähl mir nichts vom Sternenzelt,
das draußen Wache hält.
Das ist doch alles Weltraumschrott,
der bald vom Himmel fällt.
Nimm noch einen Lungenzug,
der Mief hat es verdient,
dass er Deinen weichen Kern
mal von innen sieht.

Ich mach nur was ich kann.
Ich mach weiter.
Ich gehe nur voran.
Ich geh weiter.
Auf der Kriechspur,
in der Schleife,
auf den Knien und zu Fuß,
schönen Gruß,
mein Schuh hat 'n Loch ...

Reisereime

Bienvenue à l'Hôtel Dieu de Beaune

Dass Gott in Frankreich lebt,
sagt man nicht ohne Grund,
schließlich leitet Gott, der Herr,
ein Gasthaus im Burgund.

Achtundzwanzig Betten
im schönen Städtchen Beaune,
der Alte macht das Management,
sein Sohn die Rezeption.

Mon Dieu, es ist kein Luxusbau,
es ist weiß Gott nicht »Grand«,
d'accord, dafür verlangt er auch
pro Nacht nur 100 Francs (sans petit déjeuner).

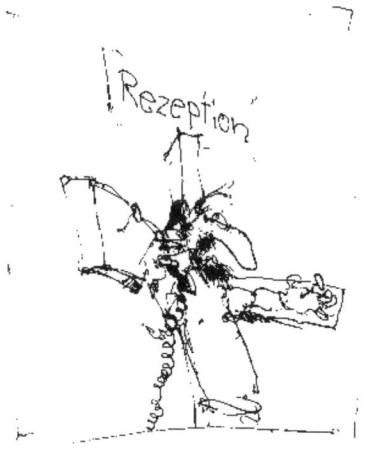

Im Sendeloch

Vier Wochen keinmal Wickert,
kein Kerner nicht, kein Jauch,
ins Fremdland eingesickert,
getreu dem guten Brauch,
dem Elektronikmedium
abhold zu sein, zu fliehn,
sich weder Beck- und Fried-,
noch Poschmann zuzuziehn.

Kein Schröderscharpingfischerhauch,
in Bild nicht und in Ton,
kein, siehe oben, Günter Jauch,
oh süßer Fremde Lohn.
Oh tröstend andrer Erdenfleck,
so fern, so warm und weit,
so unbefleckt von Biolek,
von Raab und anderem Leid.

Dein Horizont verdeckt die Sicht,
auf Sodom und Gomorrha,
die Welle Deines Meeres bricht,
den Schwall von Würg Wontorra.
Kein Lall der Heimat dringt heran,
zu laut sind die Schimpansen,
zur Primetime kreischt der Affenmann,
nicht etwa Frau Christiansen.

Der Traum bewacht vom Sternenzelt,
von Schnuppen, Satelliten,
kein Schrei, an dem der Schlaf zerschellt:
»Nullhundertneunzig Titten!!!«
Kein Alb in Comedy-Gestalt,
kein dummer Witz und auch
– hatte ich es schon erwähnt? –
kein Kwitz mit Günter Jauch.

Im Sendeloch gesundgesuhlt,
geheilt, gekurt, geliegestuhlt,
nicht ferngesehn, nur weitgeschaut,
ansonsten auf das Buch vertraut.
Wenn Heimat in der Fremde ruht,
dann nur in Deutschem Denkergut.
Das gute Buch muss immer mit,
diesmal eins von Harald Schmidt.

Allein gegen die Mafia

Oben lag der Apennin,
unten legte ich mich hin.
Mittelmeer lag vor mir rum,
gelegentlich Basilikum-
Aroma mit der Brise flog
und mich ins Mittagsschläfchen zog.

Auf täuschend friedlich fiese Weise,
denn kurz darauf war Schluss mit leise
am lurigen Ligurienstrand.
Nur hundert Meter rechter Hand
ließ die Mafia Sand abtragen
für kriminelle Bauvorhaben,
wo Mitarbeiter Estrich streichen
über frisch erlegte Leichen,
um in starken Fundamenten
Cosa-Nostra-Konkurrenten,
in der Regel ohne Segen,
vertuschungshalber abzulegen.

Oben lag der Apennin,
unten stellte ich mich hin.
Jäh geweckt durch Dieselgrollen,
Halsschlagader schwer geschwollen,
schrie wie tausend Furien:
»Augen auf, Ligurien!

Stoppt die Mafia, stellt die Killer!
Beginnt mit diesem Caterpillar-
Fahrer dort am Strand!
Er baggert für die schwarze Hand!«

Der Rest war schließlich recht banal.
Die Menge nahm es als Fanal,
zog den armen Sack vom Bock,
betäubte ihn mit Schirm und Stock,
schleppte ihn behend zur Buhne,
dort fand sich jemand mit Harpune.

Oben lag der Apennin,
unten legte ich mich hin.
Mittelmeer lag vor mir rum,
gelegentlich Basilikum-
Aroma mit der Brise flog
und mich ins Mittagsschläfchen zog.

Plages

Am Anfang des Tages
seh ich nur plages,
hingegen am Ende –
Strände …

Fischerdorf mit Strand

Schäfchenwölkchen sausen südwärts,
Sonne saugt sie sengend ein,
Ozean grüßt blautürkisisch,
Möwen kehren keuchend heim.

Häufchen Schuppen schimmern silbrig,
Fischers Weib bürstet die Beute,
müde Männer dösen faltig,
haben Feierabend heute.

Linde Luft lullt leicht und duftig,
ein winzig Wellchen flach erbricht,
a la playa planscht der Bär,
Lothar lernt das Surfen nicht.

Beziehungsweisen

Wie schön

Wie schön, dass das damals nichts wurde mit uns,
wie gut, dass das damals nicht ging,
Du hattest zum Glück diese Null an der Hand
und kurze Zeit später den Ring.

Wie gut, dass er Dir die Kinder machte,
wie schön, dass mir das nicht gelang,
meine wären zwar hübscher geworden,
doch das ist ja nicht von Belang.

Wie schön, dass Ihr dann Deinen großen Traum
von der Doppelhaushälfte geträumt habt,
wie gut, dass ich Deine Tränen nicht sah,
als Ihr die Hütte geräumt habt.

Wie schön, dass Ihr dann von Euch geschieden
wurdet, und nicht etwa ich von Dir,
sonst lägst Du wohl kaum so anspruchslos
hier im Bett neben mir.

Bauch- und BVB-Weh

Man darf das nicht vergleichen,
doch beides tut sehr weh:
Du hast PMS,
ich hab BVB.

In beiden Köpfen Watte,
in beiden Körpern Blei,
bei Dir ist es der Zyklus,
bei mir ein 1:3.

Dir geht's etwas besser,
im Gegensatz zu mir,
Du schluckst ASS,
ich schluck S 04.

Ich bin etwas neidisch,
Du bist bald am Ziel,
musst noch durch das Blutbad,
ich zum Auswärtsspiel.

Du bist drüber weg,
PMS ade!
Sag zum Abschied leise:
Héja BVB!

Ich weiß nicht

Die Fliege sitzt im Mist,
der Teufel im Detail,
das Häschen in der Grube,
im selben Boot wir zwei.

Die Maus sitzt in der Falle,
Hänschen sitzt im Glück,
die Katze auf der Lauer
und Du mir im Genick.

Ich weiß nicht, wie ich's Dir sage,
wie ich um Dich empfinde,
ich suche nach den Worten,
die ich doch niemals finde.

Ich weiß nicht, wie ich's Dir sage,
wie ich mich um Dich zerreiße,
im Geist ist alles richtig,
doch wörtlich wird es fade.

Ein guter Satz reicht völlig
und Wörter gibt's in Mengen,
noch einmal will ich's wagen,
dieses Mal mit »hängen«:

Tom Dooley hängt am Galgen,
der Trinker hängt am Bier,
am Arsch, da hängt der Hammer
und ich Arsch häng' an Dir.

An Tagen wie diesem

An Tagen wie diesem, da braucht es nicht viel,
sagte die Freundin zur Freundin,
ein Frühstück im Frühdunst, da ist es noch kühl,
ein Luftzug und einen im Sinn.

Ein Handtuch im Gras, ein Buch und ein Glas
mit Tee und etwas Zitrone,
ein Baum überm Kopf und die Ahnung, dass
einer noch weiß, wo ich wohne.

An Tagen wie diesem, da bräuchte es dann
noch einen, auf den man spontan,
nach Gusto bequem zurückgreifen kann,
einen naheliegenden Mann.

Entscheidung

Ich könnte aus dem Leben gehn,
vielleicht mit einer Kugel
oder mit 'nem schnellen Satz
in einen Meeresstrudel.

Ersticken könnt ich mich mit Gas,
im abgeschlossnen Raum.
Zur Not reicht auch der PKW,
zerschellt mit mir am Baum.

Gift wär eine Variante,
beziehungsweise Aderschnitt.
Infrage käme Intercity,
vom Bahndamm nur ein kleiner Schritt.

Klassisch wäre wohl die Schlinge,
moderner schon der goldne Schuss.
Es täte aber auch der Sprung,
Brücke abwärts in den Fluss.

Tja, mein Schatz, da staunst Du wohl,
da kuckst Du reichlich dumm.
Es liegt an Dir, zisch einfach ab,
denn wenn Du bleibst, bring ich mich um.

Nach dem Besuch des Films »E-mail für Dich« habe ich
ein für alle Mail mit Meg Ryan Schluss gemacht.
Und zwar formvollendet:

mailto:megryan@hollywood.usa

mit tinte so blau wie ich selber
hab ich dir briefe geschrieben
sie kamen postwendend retour
und sind ungeöffnet geblieben

mit filzstift so rot wie dein zahnfleisch
schrieb ich dir karten aus dortmund
will ich von dir eine ansicht
schalt ich aufs standbild mit schmollmund

mit edding so fett wie tom hanks
sülzte ich liebesgedichte
aufs thermopapier meiner faxe
die machte dein reißwolf zunichte

this is the end meggy baby
not happy for me but for you
geh einfach drauf mit der maus
click ›cancel‹ und tschüß blöde kuh

www.eckenga.de

Schöne Polizistin

Ach du Schöne, du bist einfach wunderbar,
verzeih mir meine kleine Schwärmerei.
In meinen Träumen sind wir zwei ein Liebespaar,
doch Du bist bei der Pferdepolizei.

Hoch zu Ross beschützt Du unsere kleine Stadt
und jedermann bewundert Deinen Mut.
Im Trab und im Galopp machst Du die Gangster platt,
Dein Wallach steht dir ausgesprochen gut.

Zum Flirten hab ich immer ein Stück Zucker mit,
das steck ich Deinem Braunen in das Maul.
Doch Du hältst niemals an auf Deinem Streifenritt,
wie hol ich Dich bloß runter von dem Gaul?

Ich bin so richtig neidisch auf Dein edles Tier,
es darf Dich immer tragen hin und her.
Ich wär ja schon zufrieden, ja es reichte mir,
wenn ich der Sattel auf dem Wallach wär.

So nette Fünfe

Anette hab ich ungefragt genommen,
sie schien, so schien es, davon sehr erbaut,
ich fand mich anfangs richtiggehnd verkommen,
doch sie war anscheins ebenso versaut

wie Gudrun, die ich kurz danach bespulte,
und die, wie die Anett, sich nicht beschwerte,
die nämlich wie danach die gute Ute,
das antragslose Nehmen sehr begehrte.

Wie folgend auch die Vierte namens Birthe,
ganz gerne ganz entspannt die Gabe nahm,
nicht sperrte sich, nicht nörgelte, nicht zierte,

bei Babs fand ich die Nummer schon normal.
Kein Zicken, Zagen, Zögern und kein Winden.
So nette Fünfe musst du erstmal finden.

Tierexpertisen

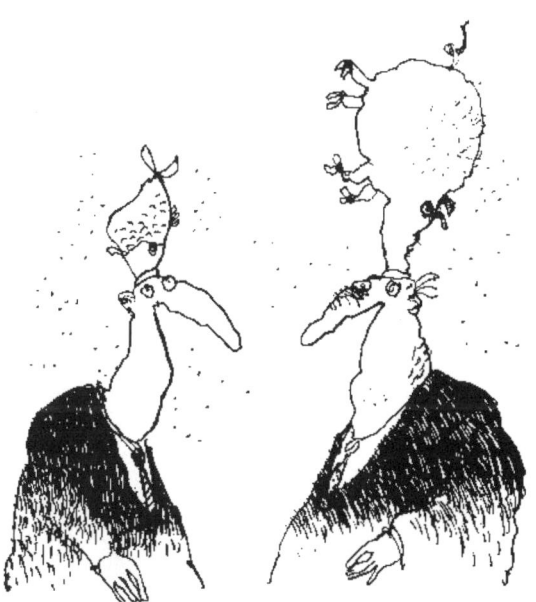

Die Schönheitsfarm der Tiere

Auf der Animal Wellness & Beauty Farm
pflegt sich die Crème de la Crème,
frönt die Bohème ihrem Schönheits-Wahn,
die obren Zehntausend des Brehm.

Selbstredend hat Qualität ihren Preis,
doch der ist hier nicht das Problem.
Man weiß sich im top-exklusiven Kreis,
celebrities, VIPs, Sie verstehn.

Das Motto von Chefästhet Dr. Petz,
der chirurgischen Kapazität
auf dem Gebiet der kosmetischen Kunst:
»Wir kennen nichts, was nicht geht!«

Halsfaltenstraffung bei Mademoiselle Schwan,
Tränensacklifting bei Grandma Waran,
Lippentuning bei Miss Lipizzan,
Schrotkur bei Lady Fasan.

Die welke Rhinozin wird glattmassiert,
der Schnepfe das Kinn collagiert,
die Orang-Utin de-orangiert,
das Perlhuhn auf Hochglanz poliert.

Die Seezunge wird von Belag befreit,
die Iglin von Haarspliss kuriert
und – Bulimie ist bei Reihern ein Leid –
die Reihrin aufs Schlucken trainiert.

Kahle Afghaninnen werden coiffeurt,
blasse Flamingas gefärbt,
im Stromlabor wird die Störin entstört,
in Lauge die Lurchin gegerbt.

Der Whirlpoolbereich ist in Walinnenhand,
man genießt die Warmwasserkur
und plaudert mittlerweile entspannt
über die Absaugtortur:

»Die Problemzone ist nunmal dieser Wulst,
aus Schwangerschaftsstreifen und Tran,
diese ekelhaft wurstige Fettgeschwulst
gehört der Vergangenheit an.«

»Gnädigste, wussten Sie eigentlich schon,
dass Petz, dieses irre Genie,
unseren Bauchabfall plus Silikon
wiederverwendet?« – »Nein! Ihhh!«

»Wenn ich's doch sage, es stimmt garantiert,
man kann sich darüber nur wundern,
er füllt es ab und implantiert
die Kissen in notgeile Flundern.«

»Früher war man hier entre nous,
celebrities, VIPs! – Compris?
Früher war der Mob hier tabu,
heute kommt neureiches Vieh.

Keine Manieren, kein Glanz und kein Stil,
geschweige denn tierischer Charme!«
Der Anfang vom Ende im letzten Exil,
der Animal Beauty Farm.

Das vornehme Schwein

Das vornehme Schwein äußert Unmut dezent
der Gossenjargon ist ihm wesensfremd,
es kennt das geschliffene Argument
und nimmt das wörtliche Exkrement
niemals ohne Not in den Mund
und wenn, dann hat das schon seinen Grund.

Die Zustände müssen sehr unhaltbar sein,
bis sich das, wie gesagt, vornehme Schwein
zu Vulgarismen und Zoten versteigt
und dem Dienstpersonal seine Meinung geigt.

Dann rümpft es den Rüssel, zieht einen Flunsch,
und äußert entschieden wie lautstark den Wunsch,
dass der Agrarproduzent, »der bepisste«,
seinen »beschissenen Stall« entmiste.

Dass es dem, noch mal, sehr vornehmen Schwein
g'schamig ist, derart gewöhnlich zu sein,
merkt auch der Mensch, sei er noch so verblödet,
am Umstand, dass es im Anschluss errödet.

Maibocks Frühlingsfrust

Brunzend steht der Maibock
im Wald und schaut betroffen,
das Reh will ihm nicht willig sein,
er ist ihm zu besoffen.

Sonntagsspaziergang

Sonntags morgens um sechs,
das müssen Sie mal probieren,
geh'n Sie mal so früh raus,
geh'n Sie mal sonntags spazieren.

Aber nicht erst um sieben,
auch nicht um fünf, wenn es graut,
im Frühling um sechs, wenn's grad hell ist,
doch gehen Sie bitte nicht laut.

Schleichen Sie sachte auf Socken,
auf spitzen Zehen ums Eck,
vermeiden Sie jedes Geräusch,
sonst hat der Versuch keinen Zweck.

Wenn Sie sich richtig verhalten,
so, wie oben erklärt,
werden Sie etwas erfahren,
was lediglich der erfährt,

der sonntags morgens im Frühling,
im wahren Wortsinn diskret,
wenn alle andern noch schlafen,
um sechs vor die Haustür geht.

Sonntags morgens um sechs
können Sie etwas sehen,
das nur um diese Zeit geht,
dass Vögel spazieren gehen.

Besser gesagt ›promenieren‹,
als wie auf dem Boulevard,
in größeren Gruppen und einzeln,
die Tauben meistens als Paar.

Stolzieren, parlieren, flanieren
auf Straße und Trottoir,
ein Corso in farbigen Federn,
in glänzendem Schwarz der Star.

Hätten Cafés schon geöffnet,
nähmen die Vögel wohl Platz,
bestellten Brioche und Espresso,
Corretto con Grappa der Spatz.

Sonntags morgens um sechs,
das müssen Sie mal probieren.
steh'n Sie mal so früh auf
und geh'n mit den Vögeln spazieren.

Der Mottenmolch

Der Mottenmolch strolcht durch den Tann
und molcht sich an die Motten ran.
Den Mottenmolchdolch zwar gereckt,
doch unterm Molchmuff gut versteckt,
wartet er auf das Insekt,
das lecker wie kein anderes schmeckt.

Den Muff getränkt mit Mottenäther,
den Dolch benutzt der Strolch dann später,
um die Beute zu entbeinen,
denn man sollte ja nicht meinen,
dass der Molch die Motte kaut,
am Stück mit Knochen, Haar und Haut.

»Zu trocken«, weiß der Molch, »zu zäh,
von Motten nimmt man nur Filet!«

Hund und Haufen

Ja sicher, bellt der faule Hund,
ja sicher ist die Erde rund
und dreht sich wie ein Ball im All.
Ja sicher und auf jeden Fall
wird jeder Köttel, den ich mache,
ob flach, ob breit, ob runde Sache,
den Planeten runterrollen
und sich bald im Orbit tollen,
vielleicht sogar an Mir zerschellen.
Geschenkt, hört sich der Hund noch bellen,
geschenkt die Sucherei nach Stellen,
wo ich mich diskret lösen kann.
Ich geh' nur kurz nach nebenan
und leg' den satten Morgenriesen
direkt auf Nachbars Eingangsfliesen.
Ja sicher, hört der Hund sich dichten,
die Rotation wird's sicher richten.

Rinderreime im Advent 2000

Denkt doch bitte im Advent
an die längst vergessnen Wesen,
ach, sie werden nie mehr äsen,
denn man hat sie abgehängt.

Denkt doch bitte vor dem Fest
an die dunkelroten Halben,
ach, sie werden nie mehr kalben,
denn sie fielen durch den Test.

Denkt beim Anblick Eurer Krippen
an die schweren Nichtentbeinten,
die im Kühlhaus tot Vereinten,
denkt an ihre kalten Rippen.

Denkt im Glanze Eurer Lichter
an das mehlgewordne Vieh,
und an den, der damit nie
reimen wollte, an den Dichter.

Der BAB-Brehm

Asphalt, Teer, Beton und Stahl
winden sich querbeet und Tal.
Mittels dieser großen Schneisen
kann man schneller wohin reisen.
Ökofundamentalisten
sehen in den Tempopisten
aber böse Mörderstrecken,
wo die Tiere schlimm verrecken.
Und tatsächlich, wer sah nie
ein zu Brei gefahrnes Vieh,
quasi im Vorüberfliegen,
auf dem Seitenstreifen liegen?
Gottseidank ist die Natur
blitzschnell wieder in der Spur,
schafft im Rasenaffenzahn
links und rechts der Autobahn,
für die Opfer schneller Fahrt
mit Vollgas eine neue Art.
So entstanden massenhaft
Rassen mit Instinkt und Kraft,
die den Michelinprofilen
nicht mehr blöd zum Opfer fielen.
Und selbst strenge Umweltmullahs
sollten deshalb keinen Hallas
machen, sondern staunen.
Über flauschig leichte Daunen,
die des Staupfaus Küken wärmen,

sollten überschwenglich schwärmen,
von den ostinaten Weisen
stimmgewaltger Kriechspurmeisen.
Sollten tränenglücklich lauschen,
wenn im Blechlawinenrauschen
sie beim eifrig Rollsplittpicken
Mittelstreifenhörnchen blicken,
oder zwischen Staub und Schotter
gar die BAB-Kreuzotter,
schlängelnd zwischen Autoschlangen,
werden sie zum Schluß gelangen:
Zwanzig totgefahrne Katzen
speisen tausend Rastplatzspatzen.

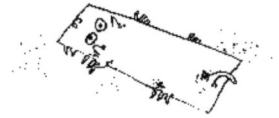

Ehrenbezeugungen

In den Kosovo-Kriegswirren erhielt die Weltöffentlichkeit
einen ersten eindrucksvollen Beweis der charakterlichen
Stärke des deutschen Jung-Außenministers Joseph Fischer.
Ungeachtet der übermenschlichen Belastungen, denen er in
den Bombennächten des Frühjahrs 1999 ausgesetzt war,
heiratete er seine vorerst letzte Frau Nikola (Stand April
2002, Anm. d. Autors). Ein früher Fingerzeig auf die im
folgenden Verlauf der Weltgeschichte mehrfach bestätigte
Fähigkeit des Weltpolitikers, selbst in kritischsten Situa-
tionen dem Gegner keine Blöße zu offenbaren.
Ehre seinem ewigen Andenken!

Kriegsministers Hochzeitsleid

Falten, tief wie Schützengräben,
Krater wie vom Bombenschlag,
in den Augen kaum noch Leben,
Kriegsministers Hochzeitstag.

Schwere Stunde, schweres Herz,
Trauer über Priština,
stumm erträgt er diesen Schmerz
und den Kuss von Nikola.

Schwarzer Schleier, gold'ner Ring,
kein Salut, kein Glockenlaut,
armes kleines, junges Ding,
Kriegsministers Hochzeitsbraut.

Tränen über fahle Wangen,
Bomben über Beograd,
Zeiten, die soviel verlangen,
große Liebe, große Tat.

Großer Zwiespalt, große Zeit,
Pflicht, Gewissen, Ehre, Amt,
großer Mann im Hochzeitsleid,
zur Entscheidungsschlacht verdammt.

Einsam wird es um den Mann,
gespenstisch leis', ja totenstill,
dann, was man erwarten kann:
»Schweren Herzens – JA, ICH WILL!«

Joseph, komm jetzt!

Dass der erfolgreiche Kampf eines großen Mannes für eine gerechte Welt nicht aus dem Nichts entsteht, sondern auch immer Ausdruck des inneren Triumphes über sich selbst ist, dokumentierte Joseph Fischer noch im Nachkriegshalbjahr nicht minder eindrucksvoll in seiner großen Autobiographie »Mein langer Lauf zu mir selbst« (Kiepenheuer u. Witsch, Köln 1999). Kunden, die diesen Bestseller gekauft haben, haben auch diese Bücher gekauft:
Fit for Fun. Perfektes Lauftraining. Schritt für Schritt gesund und fit. Von Jogging bis Marathon. von Ulrich Pramann, Herbert Steffny
Fit für den Marathon. von Herbert Steffny, Ulrich Pramann
Joschka Fischer. Der Marsch durch die Illusionen. von Sibylle Krause-Burger
Ausdauertrainer Laufen. Training mit System. von Kuno Hottenrott, Martin Zülch

Joseph, los Du!
Joseph, zieh
Dich jetzt um - uh -
Joseph, iiiih!
Joseph, would you,
Joseph, please,
change your Turnschuh,
smells like cheese.

Joseph, hurry,
hurry up!
Josy, Josy!
Zeit ist knapp!
Außenmini,
mach nicht schlapp!
Wasch Dir rasch den
Streber ab!

Joseph, zügig,
Joseph, schnell,
stürz Dich endlich
ins Flanell!
Joseph, mach Dich
auf der Stell,
ausgehfertig,
fuck the Hell!

Joseph, komm jetzt!
Joseph, bitte!
Lahmst Du? Bist Du
wund im Schritte?
Salb Dich, puder
Dich mit Talk,
Joseph Fischer,
butcher's Balg.

Musst doch noch
nach Washington,
world awaits you,
Joe, come on!
Riechst so streng nach
Marathon.
Joseph Fischer,
Metzgers Sohn.

Queen of Green

Claudia Roth, Du grüne Hoffnung,
Powerfrau full voll Betroffnung,
Strom, der alle Schleusen bricht,
Deine Tränen lügen nicht!
Du bist Hirn und Emotion,
Liebreiz, Duft und Emulsion,
weich und wild und warm und klug,
alles Lob ist nicht genug,
Deiner doch gerecht zu werden,
Friedensfürstin, Salz der Erden.
Mother Nature – Queen of Green,
Engel der Afghanerin,
löstest sie vom Joch der Burka,
Halleluja, grüne Gurka!

Dem Oberbefehlshaber der Deutschen Streitkräfte in Frie-
denszeiten (OBST), Inhaber der Befehls- und Kommando-
gewalt (INBUK), größten lebenden Radfahrer der sozial-
demokratischen Partei Deutschlands (GRÖSP) und Bild-
Zeitungs-Radsportkolumnisten (BIZRA) an den Sturz-
helm gesteckt:

Der Flachetappenspezialist

Scharping spürt den Gipfelkitzel,
Scharping saugt zu dünne Luft,
Rudi tritt das kleine Ritzel,
wann ist Rudis Kraft verpufft?

Radfahrn kann er wie kein Zweiter,
doch nicht auf den Gipfelgrat,
Strampelmann will immer weiter,
doch jetzt ist der Rudi platt.

Ächz, der Berg ist nicht von Pappe,
Rudi hat den Hungerast,
Scharping schätzt die Flachetappe,
wo man Tritt im Schatten fasst.

Scharping ist wie Erik Zabel,
nicht der Mann für Pyrenäen,
Rudi reihert auf die Gabel,
wenn das seine Truppen sehn.

Freundeskreis Schröder

Das Leben war hart, sie nahmen es leicht,
wenn man jung ist, tut Leistung nicht weh.
Sie leisteten sich den Rausch des Erfolgs
und ein Kreuz bei der SPD.
Das durfte man jetzt, das stank nicht mehr so
nach Proletenbaracke und Muff,
nach Arbeiterwohlfahrt und Kindergeld,
nach Dornkaat und billigem Suff.

Kubanischer Tabak, italienisches Garn.
Die Verheißung des Glücks war ein Köder.
Sie ahnten ja nicht, dass es anders kam.
Sie gehörten zum Freundeskreis Schröder.

Vier Gründe, stolz auf Deutschland zu sein

Ach, es gibt so viele Gründe,
stolz auf dieses Land zu sein,
heute Morgen auf dem Lokus
fielen mir die vier hier ein:

· Jenny Elvers' Mutterkuchen
· Gerhard Schröders vierte Frau
· Eff Jott Wagners feuchter Füller
· Jürgen Flieges Samenstau

Deutsche, Ihr müsst nicht verkrampft
Euch ins Stolzsein reinverbeißen,
machts wie ich und lest ganz locker
jeden Morgen Bild beim Scheißen.

Sportplatzpoesie

Auf der Suche nach der verlorenen Zeit
(Marcel Proust meets Gerd Rubenbauer)

Oben am Steilhang
fährt Hilde das Tor an.
Auwei, nochmal gutgang,
sie war etwas spät dran.

Hopp hopp komm jetzt Hilde,
das Gold kannst du kriegen –
doch da lässt die Wilde
'ne Hundertstel liegen.

Jetzt steht sie und kuckt dumm
am Gleitstück und sucht,
gräbt allen Schnee um,
vergisst sich und flucht:

»Scheißzeit, wo bist du?
Kumm her, blöde Sau.
Wann i di kriag du,
hau i di blau.«

Im Mai wurd' die Hilde
geborgen von Hunden.
Die Hundertstel hat man
nie wiedergefunden.

Hände weg!

Allen forschen Platzreportlern:
Lasst die Hände weg von Sportlern,
wenn sie tropfend nass vom Kampf,
jetzt im Winter unter Dampf,
in die Ruheräume sollen!

Lasst die Mikrofone stecken!
Wenn die Spieler unter Decken
nach dem Spiel ins Warme eilen,
haben sie nichts mitzuteilen,
was wir dringend hören wollen.

Fragt nicht wie's dem Andi ging,
als das Ding im Netze hing,
Andis Antwort ist bekannt,
weil es Andi »super« fand,
soll er ungefragt sich trollen.

Soll sich duschen und frisieren
und dann schnell privatisieren.
Soll sich rasch nach Haus verdrücken
und die Spielerfrau beglücken.
Soll uns nichts mehr sagen sollen.

Respekt

Hau mich hart, Matthias Sammer,
klopp mich mit der Botschaft platt,
schwing den Doppelwortschatzhammer,
triff mich vollrohr, setz mich matt.

Knall sie raus, die beiden Dinger,
halt sie nicht im Mund versteckt,
straf mich mit dem Zweifachschwinger,
sag »Charakter«, sag »Respekt«.

Sag, »die Mannschaft hat Charakter«,
sag »die Mannschaft hat Respekt«,
»viel Respekt vor dem Charakter«
und dann sag: »Im Endeffekt

hat die Mannschaft den Respekt
einer Mannschaft mit Charakter«,
bis es mich lang niederstreckt.
Sodann leg ich mich ad acta.

Hundert Jahre Deutscher Fußball Bund

Großer, alter Fußballbund,
diese Welt ist nicht mehr rund.
Nein, dies ist nicht Deine Welt,
die in kalter Macht zerfällt.
Dies ist nicht mehr Dein Planet,
der in Gier nach Geld vergeht.

Und dies ist auch nicht Dein Land,
wo einst Deine Mannschaft stand.
Elf, die sich für Dich zerrissen,
Elf, die sich und Gegner bissen.
Die für deutsche Tugend stand,
sich im Wadenkrampfe wand
und durch Kampf zum Kampfe fand.

Die nie aufgab, sondern stur
folgte ihrem Treueschwur:
Alle schlagen! Alle putzen!
Siege oder Blut am Stutzen!!!

Großer alter DFB,
diese Zeit ist um, nun geh
endlich in die Altersrente.
Leg Dich einfach in Malente,
in der Schmiede der Talente,
lang in ein Etagenbett,
balsamiert in Lederfett.

Herrlich (Heiko)

Heiko Herrlich, ehrlich,
Name und Programm:
Hei der Kopfball, herrlich,
wie ein Torschuß: Stramm!

Herrlich, wie gefährlich
steigst Du im Gewühl,
schraubst Dich unerklärlich
hoch zum Kopfballspül.

Heiko, arg beschwerlich
tust Du Dich Parterr'.
Links wie rechts entbehrlich,
wenig wär da mehr.

Heiko Herrlich, ehrlich,
spiel nicht mit dem Fuß.
Wenn der Fuß will, wehr Dich!
Triffst nichtmal den Bus.

Stéphane »Schappi« Chapuisat
zum Abschied

Wenn der rohen Treter Stollen
Rasen mähten in den Räumen,
sahn wir Dich am Feldrain dösen
und vom Leder träumen.
Wissend und geduldig wartend,
dass Dein Freund sich findet
ein in Deiner Füße Hut,
wo ihn niemand schindet.
Sahn so oft, wie Rist und Rundes
sich an Dir vereinten,
im Sommer transferiertest Du,
sahst nicht, wie wir weinten.

Lolli für Olli (Kahn)

Dutzi Olli Kahni
Haben Dich doch lieb
Bist ein bißchen wahni
Hast 'n kleinen Piep.

Bist ein kleiner Schmolli
Spuck und Kräh und Kreisch
Bist ein arger Choli
Na, komm her, kriegst Fleisch.

Rohes Fleisch zum Reißen
Rinderhack am Stiel
Nanana, nicht beißen!
Na! Nicht gleich so viel!

Eia Eia Olli
Süßer kleiner Fratz
Lutsch das Blut vom Lolli
Küßchen, Bussi, Schmatz.

Trainerwechsel

Dem Trainer Werner Lorant,
der tobend hin- und herrannt,
am Kalkstreif drunt am Platzrand,
platzte dort der Halsrand.

Zunächst erst nur der Halsrand,
darauf der ganze Lorant.
Das Spiel dann nicht mehr stattfand,
die Stelle ist jetzt vákant.

Zwei wie Pech und Schwefel

Wild- und moser
Lo- und rant
Heinz und Werner
Männerband

Prä- und side
Trai- und ner
Leib und Seel
Der Sechziger

Wohl und Wehe
Herz und Hand
Löwenschicksals
Unterpfand

Zwei wie Pech und
Teer und Schwefel
Eure Trennung
Wäre Frevel

Sen- und sibel
Warm und wärmer
Bleibet Brüder
Heinz und Werner

Käthe, bleib!

Mal angenommen, Käthe,
ich bäte dich zu bleiben,
ich täte etwa schreiben:

»Du lindertest mein Leiden
am siechen deutschen Fußball,
der klipp und klar,
schon fast wie tot,
ein Pathologenfall war.«

Mal angenommen, Käthe,
ich flähte derart innig,
göngest du dann in dich
und verlöngertest ne Zeit,
sagnwirmal auf Ewigkeit?
Sag doch bitte bald Bescheid,
lass mich nicht lang hocken,
zeig dich bitte bald bereit!

(ach so, und noch ne Kleinigkeit:
dreh dem Skibbe Locken!)

Le Tour de France dix-neuf-quatre-vingt-dix-neuf sans moi
20 Etappen und ein Prolog

Prologue
Ich schaute nur zu
In Le Puy de Fou
Mein Blut war zu zäh
Première passée

1
L'etappe perdue
In Montaigu
Ich ging nicht zum Start
Mein Blut war fast hart

2
Challans/Saint-Nazaire
Mein Blut war trop schwèr
Le Kreislauf en panne
Also trat ich nicht an

3
Mein Blut blieb zu dick
Ein trauriger Blick
Von Nantes nach Laval
Vachement fatal

4

Encore une fois
Entre Laval et Blois
Le 5ème Streich
Mein Blut wurd nicht weich

5

Ich strotzte vor Kraft
Dicker Sirup statt Saft
Bonneval/Amiens
Le docteur dit: Rien!

6

Maubeuge en Belgique
Mein Blut war wie Schlick
Schon morgens war Schicht
Ich radelte nicht

7

Avesnes-sur-Helpe
Ein anderer in Gelb
Hôpital Thionville
Mein Blut stand still

8

Mets/Metz mit dem Bus
Vom Fenster ein Gruß
Ans Peloton
In den Adern Beton

9

Zu Fuß ging ich's an
In Le Grand-Bornand
Mein Blut wurde Teer
Hoch nach Sestrières

10

In den Alpen das Tief
Mein Blut war massiv
Sestrière/L'Alpe-d'Huez
Streß, Streß, Streß, Streß

11

Wegen Hämatokrit
Nahm man mich mit
Ab Le Bourg-d'Oisans
Avec l'ambulance

12

In Saint-Galmier
Blut wie Gelée
Dieselbe Tour
Ich fuhr nicht nach Flour

13

Au matin en Saint-Flour
Mein Blut blieb très stur
Der Kopf weich wie Brie
Albi sah ich nie

14
Saint-Gaudens mit der Bahn
Ich lag völlig plan
Dickblut tat weh
Vom tête bis zum Zeh

15
Hypertonie
In Piau-Engaly
Ich blieb suspendiert
Und war konsterniert

16
Auf dem Teilstück nach Pau
Probiert' ich's mit eau-
Und Salzinfusion
Es blieb Illusion

17
Mourenx bis Bordeaux
Chateau auf Chateau
Abusus Paulliac
Mein Blut wurde Schlaque

18
Und blieb's bis Jonzac
Ich trampte als Wrack
Erreichte gottlob
Das Futuroscope

19

Entscheidung pur
Gegen die Uhr
Jeder für sich
Wie gehabt ohne mich

20

In Paris keine Gnade
Ich blieb sehr malade
Mein Blut war purée
Auf den Champs-Elysées

Lyrikerkrise

Lyrik läuft nicht, weiß der Händler,
weil sie nicht die Masse trifft,
Inventuren sprechen Bände:
Reime sind schlicht Kassengift.

Lyrik lohnt nicht, spricht das Konto,
Verse machen mich nicht voll,
schau auf meinen letzten Auszug,
wenig Haben, reichlich Soll.

Lyrik leck mich, flucht der Dichter,
stiehlst die Zeit und nährst mich nicht,
brot- und trostloseste Mühsal,
mit Gedichten ist jetzt Schicht!

Lyrik liebt dich, haucht die Lyrik,
stimmt, ich hab dich oft geleimt,
hier die Zeile zur Versöhnung:
Ist zum Happy End gereimt.

Nach über fünf Jahren

Ich und Dein Hund gehen immer noch aus
und es gibt auch noch Deine Kissen,
sie sind nicht mehr ganz so grün.
Wir liegen auf ihnen und schauen raus.

Hast Du da, wo Du bist, was Du brauchst?
Einen Baum, ein Buch, grüne Kissen?
Liegst Du darauf und schaust raus?
Ich und Dein Hund gehen immer noch aus.

Inhalt

Foto: F. Peterschroeder

Der Autor: Fritz Eckenga, geboren 1955, belebt, wenn er nicht woanders ist, Dortmund. Er ist Mitglied des Musik-Theater-Ensembles N8chtschicht. Er schreibt für die taz-Wahrheitseite, für das Magazin der Frankfurter Rundschau, für WDR und SWR. Mehrere Buch- und CD-Veröffentlichungen, zuletzt »Mona Lisa muss neu geschrieben werden« (mit Günter Rückert), Berlin 2000. Einige der Gedichte in diesem Band erschienen bereits in »Kucken, ob's tropft« (Berlin 1997) und »Ich muß es ja wissen (Berlin 1998).

© Verlag Antje Kunstmann GmbH, München 2002
Satz: Schuster & Junge, München
Litho: Reproline, München
Druck & Bindung: Pustet, Regensburg
ISBN 978-3-88897-310-9